김추연 시집

꽃 진 자리

마을

빛나는 시정신을 꼼꼼하게 엮어내는 — 마 음

- 1949년 충남 서천 비인 출생
- 동국대 문화예술대학원 문예창작과 졸업
- 1992년 『시대문학(현.문학시대)』 신인상으로 등단
- 1995년 '빛나는 시' 수상
- 시집:『들꽃, 흔들리는 풍경』,『숨은 모습』,
  『뿌리 내리기』 외
- 국제 펜클럽 한국본부, 한국문인협회, 한국시인협회, 한국여성문학인회, 文學의 집·서울 회원
- 한국문인협회 안성지부장 역임

꽃 진 자리

김추연 시집

1판 1쇄 인쇄/ 2014년 10월 25일
1판 1쇄 발행/ 2014년 10월 30일

지은이 / 김추연
펴낸곳 / 도서출판 마 음

등록 ‖ 1993년 5월 15일 제3001-1993-151호
주소 110-530 서울 종로구 명륜동 1가 33-90
경주이씨중앙회빌딩 302-1호
전화 ‖ (02)743-5793, 5798
팩스 ‖ (02)742-5798

값 10,000 원

*잘못된 책은 바꿔 드립니다.

ISBN 978-89-8387-266-1   03810

푸른 시와 시인

꽃 진 자리

김추연 시집

시인의 말

  몸은 나에게 일상의 날개를 접게 합니다. 나는 "아니다"라고 반문을 했습니다. 이날 이후 살아온 날들은 보이지 않았습니다. 다만, 눈을 멀리 두고 저 만큼, 아니 저기까지 가야하는 데 왜 여기서 멈춰야 하는지…. 살아온 날들의 아름다움은 보이지 않았습니다.

  생명의 경계선만 보일 뿐입니다. 내게 큰 변화가 일어났습니다. 내 일생의 가장 큰 기적과 나를 바꾸기로 합니다. 아! 바로 이거야, 큰 산을 넘을 수 있다는 확신이 왔습니다.

  순응과 편안함을 조용히 관찰하기 시작합니다. 앞으로 내게 주어지는 시간 동안 이렇게 사는 거라고 다짐합니다. 여여하게 가치 있는 찰나를 만들어가기로 합니다. 이후 삶의 행간을 그려온 시(詩)의 씨앗들을 모으기로 합니다.

당신 안에서 살아가는 나
내 안에서 살아가는 당신

당신은 나를 다스리고
나는 당신을 다스리고

품에서 같이하는
당신과 나.   시 「관계」 전문

   내 생의 관계에서 배려와 사랑으로 품어준 모든 분들께 감사드립니다.
   '숯의 변화'에서 삶 또한 완전 연소라는 투명함을 보았습니다. 시간의 벽 속에서 우주 밖으로 떠난다 해도 우주 안에서 나는 살기로 합니다.
   2002년의 『뿌리 내리기』 이후 네 번째 작품집을 선보입니다. 내 삶의 뒤안길을 곱게 보아주시기 바랍니다.

2014년 8월

김추연

- 시인의 말 — · 저자
- 발문 — · 조병무

1. 요동치는 것들
하나다 — · 12
빗 장 — · 14
차를 마시며 — · 15
마음자리 — · 16
만나고 싶다 — · 18
산이 부러지는 소리 — · 20
눈 감은 하늘 — · 22
갈무리하면서 — · 23
노을이 천상이다 — · 24
쉼표로 — · 25

2. 익어가는 세상
일지암 가는 길 — · 28
우주의 떨림 — · 30
신륵사 — · 31

철야 삼천 배 — · 32
연꽃차 — · 34
발우공양 — · 35
수구암 — · 36
남강산책 — · 37
구름같이 — · 38
기 도 — · 39
안성의 해맞이 — · 40
순례자 — · 42
촛불기도 — · 44
지리산 숲 — · 45

3. 고향의 바닷가

길라잡이 — · 48
내 뜰에는 · 1 — · 49
내 뜰에는 · 2 — · 50
내 뜰에는 · 3 — · 52
내 뜰에는 · 4 — · 54
내 뜰에는 · 5 — · 56

내 뜰에는 · 6 —— · 57
변화 · 1 —— · 58
변화 · 2 —— · 59
변화 · 3 —— · 60
변화 · 4 —— · 61
변화 · 5 —— · 62
변화 · 6 —— · 63
시인의 말 · 1 —— · 64
시인의 말 · 2 —— · 65

4. 높이보다 더 깊은

그리움으로 —— · 68
피아노 건반 위에서 —— · 69
딸애의 별 · 1 —— · 70
딸애의 별 · 2 —— · 71
모가 나지 않게 —— · 72
같이할 것을 —— · 74
낫질을 했던가 —— · 75
드보르쟈크 피아노 3중주 —— · 76

함께하면 — · 77
사 랑 — · 78
어머니 의장 — · 79
그런 당신 — · 80
삶의 길 — · 81
그리워하는 것 — · 82
바로 당신 — · 83

5. 구름이 머무는 곳

비는 마음 — · 86
웃는 돌 가는 길 — · 88
갈 등 — · 90
개구리가 울 때면 — · 91
뿌리의 힘 — · 92
태백의 들꽃 — · 93
소리가 흘러간다 — · 94
빈 하늘에 — · 95
나는 걸어가고 있습니다 — · 96
내 속의 바다 — · 98

바다가 시인을 부른다 — · 99
어머니 함께합니다 — · 100
이월 장 담근 날 — · 102
창을 열면 — · 104
한낮의 안개 속은 — · 106

6. 다시 일출을 보며

무거운 짐 — · 108
내 여행길에는 — · 109
별을 따다 주고 싶은 사람 — · 110
잠의 치유 — · 111
꿈 — · 112
숨, 관찰 — · 114
아직 살아 있으니 — · 116
안부전화 — · 117
풍요로운 생각들 — · 118
암자를 둘러 나오면서 — · 119
내 꽃 진 자리 — · 120
고 백 — · 121

1.

요동치는 것들

하나다

발 시리고 손 시린
산중 바람을 맞는다

문 밖은 차고
가슴은 뜨겁게 끓어오르는데

어찌하랴
어제, 오늘, 내일이 하나일 것을

어제도 오늘로, 오늘도 오늘로
내일도 오늘이길 빌면서

잇대어 흘러가는 저 물같이
물의 소리처럼

하나의 길이 되어
공명하기를.

빗 장

가슴은 요동을 친다
버릴 것과
가둘 것을 분별하라 한다
하늘과 땅 사이에는
보내는 신호만 암호로 남아
보이는 것은
걸어놓은 하얀 빗장이다.

차를 마시며

우전, 새작, 고뿔차까지
고요로 달인 차는
불을 다스리고
찻잎을 덖고 덖어서
잔마다 다른 맛을 내는 것이
꼭 세상을 닮은 맛이다
달고, 쓰고, 시고, 떫고, 매운맛까지
오미가 한 입 속에 있다
오늘은, 세상을
내 혀끝에서 느낀다.

마음자리

넓은 창
호수에 얹혀
능선 따라 푸르고 푸르다
고요를 가득 담아가면서
바람이 자니
호수에 파랑은 잔잔하기만 하다

누구도 물길 만드는 일 없는
파란 하늘 담고 있고
나 살짝 그곳에 빠져
심호흡으로 생각을 조율한다
숨은 모습

나 일어설 마음자리 찾는 중
이쯤이면 될 것 같아
고요한 바람이 다가와서는
힘있게 붙들어 세운다
바로 여기라고 마음자리라고.

만나고 싶다

바라보이는 거기
깊은 호수가 있다
산은 하나가 아니고
또 하나의 큰 산이 호수에 있다

둘이 된다
산, 호수, 어느 것이면 어떠리
나도 하나가 아닌
또 하나의 나를 만나고 싶은데

파랑에 흔들리고
너울에는 가물거리는 나
바람이 없는 청명한 날에는
투명한 나일 뿐

하나 더 나를 바라볼 수 있는
속 깊이 안아줄
호수였으면 한다
간절히 그런 호수를 만나고 싶다.

산이 부러지는 소리

산, 산, 천 년의 울음이
노을지고 쓰러지는
덕숭산 부러지는 소리 듣는다

헤일 수 없이 뿌리 내린 것들의
침묵의 함성으로
가야 줄기 등 부러지는 삶을 본다

덕숭산 숲 속에 들면
옆옆으로 쓰러지는, 삭아내리는 소리가
진동한다

우지직~ 쩌렁~ 쩌렁…….

덕숭산 숲 속에 들면
옆으로 쓰러지는, 삭아내리는 소리가
진동한다

우지직~ 쩌렁~ 쩌렁……
　　　　　─산이 부러지는 소리

눈 감은 하늘

그리움이 만삭이 되어
산고를 치른다
앉아서도 보이던 길
까치발에도 보일 듯 말 듯
문 밖을 나서게 하는 하얀 길에
바람도 자고
눈 감은 하늘이
꿈을 꾼다.

갈무리하면서

어느 만큼의 하늘을 담았는지
꽃 속에 꽃술로 들앉은
비 맞은 함박꽃이 애처롭다

한낮에 담아 놓은
하늘이 쏟아질까 봐
밤이면 봉오리 짓는다

달빛은 차마 담아낼 수 없다고
아름다운 기울기로 고개 숙인다
꽃잎이 다치지 않게 갈무리하면서.

노을이 천상이다

보내는 여름에 질경이가 오롯하다
해가 지기 전 뿌린 씨앗이
새싹이 되었나 보다
잎이 다치지 않도록
가르마 친 잔디 속으로
질경이를 뽑았다
저녁상은 나물이 일품일 게다
하늘에서는
노을이 천상으로
나를 반긴다.

쉼표로

처서(處暑) 이후로 매미 목청이 높습니다
태양이 짙은 오후 한낮에
푸른 세상은 익어갑니다
오늘은
일상의 페달에서 발을 내려놓고
이 가을 노래로
쉬어가는 길목에
내가 쉼표(,)로 있습니다.

2.

익어가는 세상

일지암 가는 길

당신의 자취는 푸른 향이고
하도 깊어서
머물 수 없는 구름까지도
당신의 발자국 따라
오르고 내리는
일지암 가는 길은
물길이고
바람길이고
오직 당신의 길입니다
곡우의 기다림도
우전차 자라는 소리까지도
여여이 기다리는
초의선사 바람결이
스쳐갑니다.

곡우의 기다림도
우쩍차 자라는 소리까지도
어머이 기다리는
초의선사 바람결에
스쳐갑니다
　　　　　— 일지암 가는 길

우주의 떨림

우주를 더듬어 가는 손끝이
떨린다, 기운이 열기로
뜨겁다, 지층의 어디쯤에서
진동이 된다
물의 흐름이 속도가 되어 쏟아내린다
대지의 푸른 끝이 허공에 흔들린다

어디쯤에서
내가 온전하게 머물 수 있을지
그 깊이와
그 무게와
길이를 우주 안에서 가늠하고 있다.

신륵사

간월강 정자 현판 아래
남한강 굽이굽이 흐르고
휘돌아가는 물살을 비켜서서
원앙은 원앙으로 옹기종기
풀숲이 고요하다
단풍이 아름다운 붉나무며
찔레가 돌바위 사이로 뿌리 내리고
열매가 붉다
느티나무는 과거, 현재
다가올 내일로 커가는 오늘
신륵사 오층탑 단아한 모습이
지는 해에 그늘은 길다.

철야 삼천 배

1.
한 음성
한 마음으로
부르짖는 여명
오체투지
일심으로
너를 향한.

2.
토해내고
벗어놓고
땅을 단단히 짚어가며
허공세계 합장으로
정진의 자리.

3.
묵묵부답
정토의 세계
반야의 바다로
혼으로 사르는 촛불
십방을 한 자리 모두고
일심으로 발원하는 여기.

연꽃차
- 인취사 백련시사에서

진흙 속에 숨은 향기
연꽃차로 달인 날.

발우공양

범종소리에
세상이 고요하다
죽비로 열고 죽비에 닫는
내가 앉은 자리
발우공양이
나를 빛나게 닦아서
매듭짓게 하라 하여
오늘도 합장하여 발우공양한다.

수구암
- 산사축제

수구암 앞산 정수리에
저 구름이 오늘은
비를 담았을까
눈을 담았을까
때를 가려서 내릴 것은 분명하여
해를 거듭하는 앞산은 키를 세우고
비가 되어
눈이 되어
염화미소
품어 안은
정토의 터
명상의 터
수구암은…….

남강산책

남강의 네온만큼이나
가로등이 불기둥으로 서는 강물은
지난날의 파랑으로 일렁인다

남강을 건너는 너, 나
그림자로 강물에 빠지고
기다림의 중앙선으로 선다

오는 길, 가는 길 반대로
가슴 시리게 하는 남강의 다리는
다시 한 번 옷깃을 여미게 한다.

구름같이

흘러간다
흘러갔다
흐르는 물 따라
몽돌을 밟아서 임 따라 왔다
하늘 구름에 혼을 싣고
영월 하동 와석리
난고, 김삿갓 문학관에 머문다
방랑 삼천리에…….

기 도

토함산 해질녘에
몸살을 한다
다보탑, 석가탑을
합장으로 돈다
빈자의 등불을 밝히고
식솔을 오체투지로 낮추는
이 자리가
부처님 자리입니다.

안성의 해맞이
- 해맞이 축제에

관해봉(觀海峰) 정수리에 해가 솟는다
장밋빛 손가락을 가진 여신도
새해마다 새벽을 가리킨다
영원히 마르지 않는 안성땅
시원의 두둘기 청학이 노래하여
봉황이 비상하는 개울도 흐른다
사갑뜰은 절로 황금으로 자랄 것이고
넓은 서해 또한 한눈에 든다
산천이 타오르는 새해 아침이여
영원히 같이하는 하늘 되길 바라며
보내는 것과 다가올 것을 깨닫게 한다
사람마다 가슴에 떠오르는
참 부신 해여
억겁을 익혀온 그대에게 당부하노니

평안하시기를, 그리고 희망이시기를
그리하여 번영의 안성 되길 기도하노니
솟아라, 높은 해님이시여
우리들의 새해를 위하여.

순례자
- 홍신자 공연에 부쳐

하늘과 땅 가운데 허공
순례자는 고단하다
일심으로 원 하나 세워
구도의 몸짓
맑은 영혼의 씻김으로
자아의 무게를 감당하며
질곡의 늪을 헤매인다
우주 하나 되고 싶어서
구도의 길을 걷는다
고행의 찰나,
혼의 세계,
깨침의 소리로
여여하게 순례를 한다
염화의 세상을 찾아서

반야의 바다를 건너간다
황홀의 극치다
염화미소 가득히 피어난다
순례자의 깨침이다
아! 염화미소! 염화미소.

촛불기도

오르막길 고달산은 비안개 남아 있는 안개숲이다
촛불 켜놓고 들앉은 조막집에서 큰 부처님을 만나
지장경으로 노래하는 내게 지옥천국이라 한다
호두나무 가지 타고 밤낮으로 들락이는 청설모는
익힌 것 다 따내는 검은 그림자
돌계단에 끼어서 태어난 이름 모를 버섯은
투구 하나씩 눌러쓰고는 공손하다
촛불을 쥔 삼경을 캄캄한 밤으로 새우다 보면
큰 짐승도 내려와 앉았다
캄캄한 그믐밤에도 내 가슴은 정월 보름달이다
산사의 그림자를 길게 밟고 앉아서
크게 채워가고 있는 촛불기도다.

지리산 숲

뱀사골 봄꽃이 다 진 유월의 한낮
비리내 계곡을 따라 숲으로 간다
지리산을 이름하는 서어나무가
핏빛처럼 빨갛던 새순이 고운 연둣빛으로
여름을 자랑하고 서 있다.
백두대간 소리없는 흔적이 누운 자리에는
비리내 계곡의 숲으로 묻히고
푸르기만 하여
더불어 사는 삶, 베푸는 삶까지도,
오늘
햇살이 따듯하다.

3.

고향의 바닷가

길라잡이
 - 성춘복 선생님 칠순에

높고 아름답게 능선을 타는 이
계곡을 층층이 밟아서 내려오는 이
들꽃을 피워내며 들녘을 누비는 이

능선을 타는 법과
계곡을 내려오는 길과
넓은 들 거니는 것까지도
가르쳐 주는 이

이 세상
하늘, 땅, 사람을 동무하여
커다란 연못 하나 끼고
청련으로 꽃 피우는 이.

내 뜰에는 · 1
- 금낭화

여러해살이풀로
슬픔을 가득 담아
봄, 여름, 아름다운 꽃으로
가슴을 열어가며, 익혀가며
뚝- 뚝- 뚝
떨어지는 눈물을 붙들고
비, 바람 맞고 있다
내 뜰의 금낭화는
심장의 눈물이라고
뜨겁게 외쳐대며
땅으로, 흙으로 낮추는
용서하는 꽃이 되어
연붉게 쉼없이 피고 있다.

내 뜰에는 · 2
- 구절초

가을을 듬뿍 안아 피는 꽃
줄기 끝 한 개 꽃으로
누워서 자라는 구절초
청아한 빛
찬 서리 속에 피는 꽃
휘청이는 혼을 담아
하얀 얼굴에 연지 바른 꽃
휘영청 달밤이면
내 뜰의 구절초
둥둥 떠서 피어간다.

휘청이는 혼을 담아
하얀 얼굴에 연지 바른 꽃
휘영청 달밤이면
내 뜰의 구절초
둥둥 떠서 피어난다

— 내 뜰에는 · 2

내 뜰에는 · 3
– 동자꽃

제천 가는 길
다릿재 굽이굽이 지나다가
한 눈에 든 꽃
이름 모르는 꽃으로 뿌리째 이사 시켜
내 뜰에 심는다

추운 겨울 마을로 내려간 스님 기다리다
언덕에서 눈사람이 된 동자승이 있어
곱게 묻어준 자리에서 피어난
동자꽃이란다

여름 지나 가을이 오기 전에
동자는 진홍색 꽃이 되어
작은 키로 피어난다

내 뜰에도 동자승 하나 있어
합장하게 한다
지장보살, 지장보살, 지장보살…….

내 뜰에는 · 4
- 현호색

이른 봄
반송을 지붕 삼아
남청색 꽃으로 핀다

자리 옮기기도 힘이 드는
너의 허리, 조심 조심히
음습한 곳에서 꽃을 피운다

약한 아이
키 작은 야윈 모습으로
숨어서 피는 너

"애썼다 꽃 피우느라고
향기까지 눈에 넣고 담아가며
너를 알아주마"

그늘에 가려진 너희들과
지긋한 만남으로
하루의 세상살이 시작한다.

내 뜰에는 · 5
- 산나리꽃

주홍꽃잎 여섯 장이 바람개비 하고
보라꽃술 일곱 지팡이 산나리꽃
줄기와 잎 사이 맺어놓은 씨앗을
흙에 묻어 내일을 약속한다
여름날 뜨겁게 피어서
내일을 기다리는 산나리꽃
나를 읽어내는 오늘이다.

내 뜰에는 · 6
- 해당화

내 고향 쌍도 바닷가
백사장에 뿌리 내린
가시 돋친 키 작은 해당화
여름이면 붉게 피어
향기 가득하다
삼복더위에 열매 익히며
가지 휘는 해당화
내 뜰에 들앉히고
송이송이 헤이며
어릴 적 바다 기슭을
내내, 거닐고 있다.

변화 · 1
- 태평양 건너의 삶

너에게서 순수와 자유를 본다
비우기 위해 아파했을 너를,
절규로 끊어냈을 아픔의 환희를,
침묵으로 다독인 내면의 무게를,
여기 너의 자리에서 본다
아름다운 풍요를 누리는 너를
지금 나는 지킨다.

변화 · 2
- 태평양 건너의 삶

같이 하는 것은 하나가 되는 것
지평선을 바라보고 달리는 것
가슴도 한 생각으로 모아가는
그래서, 우리는 하나이다
태양도 우리를 향하고
구름까지도 둥둥 따라나서는
행복한 하루를 함께 산 우리.

변화 · 3
- 태평양 건너의 삶

하나를 기다리는
하나로 만족하는
너는 행복하다
군더더기 없는 단순함으로
그래서, 가득 차는 너
기다림에 익숙해서
스스로 평온한 너
파란 신호등 누르고 서 있는 너
행복으로 걸어가는 모습 본다

하얀 마음에 붓 하나 들고서.

변화 · 4
- 태평양 건너의 삶

깊은 밤 따끈한 레몬차에
뜨거운 눈물 섞는다
문 밖으로 새어나간 기침소리가
하룻밤 잠을 유리잔에 담아서
나를 일으킨다

철부지 시절 다 보내고
엄마가 된 너는
나를 보살펴야 하는 아기로 보고……

고맙다
내 딸 막내야.

변화 · 5
- 태평양 건너의 삶

이 새벽바람에 어디를 찾아나서는지
기러기떼 지어 날아가는구나
하늘에 줄지어 떠나는 모습
가지런하다
막내야
너 얼마나 많은 날
기러기 같이
엄마! 엄마! 찾으며
허공을 헤매어 울어대며 날았을까

기러기 노래에 눈물 섞어가면서
부르고 또 부르고 너를 불렀다.

변화 · 6
 - 태평양 건너의 삶

삼십여 년 익혀온 울타리 벗어나
아메리카 대륙에 새 둥지를 틀고
뿌리 내리고 있는 너는
몸살을 했을 자국마저도
숨은 그림 속으로
정갈하게 쟁이고 있구나
들어서지 않고는 누구도 모를 일이지

낯선 길 위에서
유턴을 거듭 거듭 해온

너의 가슴시린 그리움을!
너의 삶의 무게를!

시인의 말 · 1

나는 풀밭에서 논다
웃자란 풀
그래서 자주 자른다

앉아서도 서서도 걷다가도
보기만 하면 잘라낸다
뿌리째 뽑아낼 수는 없을까

밤낮으로 붙들고 앉아서
나를 꾸짖고 있다
보는 놈을, 듣는 놈을 말이다.

시인의 말·2

세상이 요동치고
관계가 혼란해도
들숨, 날숨이 있는
여기가 바로 내 자리입니다
하나의 세상
온전한 우주
함께하는 되돌림의 삶
회향하는 마음입니다.

4.

늪이보다 더 깊은

그리움으로
  - 딸에게

그리움으로 하늘을 난다
고도 33,983ft 상공에서의 바다
푸르게 날 새울 파도는 잔잔하고
뒷바람 속도는 133mph란다
도착지까지 5504mi를 남긴 만큼
그리움이 남아 있다
시속 702mph의 속도로
그리움을 향하여 날아간다
눈 뜨면 보던 너를
그리 멀리 두고 생각으로 만지며
보고 살아온 날들이
한꺼번에, 단박에
쉼 없이 내친 김에
너에게 닿기 위하여
하늘에 나를 맡긴다.

피아노 건반 위에서

손끝이 얼마나 닳았을까
돌아앉을 줄 모르는 너이기에
피아노 건반은 여명으로 울어대고
음악은 귓가에 혼이 되어 춤을 춘다
가늠할 수 없는 예술의 생명을
옥타브에 촛불 밝힌 깊은 밤
끝없이 타서 흔들리는 너의 가슴 하나
이것이 너의 숙명이라면
붙들고 앉아서 태울 수밖에.

딸애의 별 · 1
- 공항 가는 길

너의 비상은
옛날로부터의 출발이다
쉽게 날 수 없는 날개로
첫 단추 여는 땅의 기운을
새벽으로 퍼올린 꿈
너의 이름으로 별을 심는다
파란 하늘 드높은 서울 김포공항에서
너의 별을 하나 심는다.

딸애의 별 · 2
- 하늘 가까이에서

스크린에 이름 모를 사람들이 스친다
사연을 쌓아가는
우리들의 인연처럼
엔진에 귀를 단 내가
너를 지키며
시베리아 상공을 지난다
손 닿지 못하는 머언 저기에
세상 밝히는 별 하나 있음을

너의 별을 나는 본다
높고 깊은 것은 쉽게 드러나지 않아도
영원히 반짝, 반짝, 반짝인다는 것을.

모가 나지 않게

물살에 씻기고 씻긴
몽돌의
고운 모습을 본다
패이고 스치는 것 같이
우리의 인연도 그 같아
세월이 간 만큼
모나지 않은 자태로
당신과 나 마주했으면.

패이고 스치는 것 같이
우리의 인연도 그 같아
세월이 간 만큼
모나지 않은 자태로
당신과 나 마주했으면

— 모가 나지 않게

같이할 것을

당신의 마음을 다스리기 전에
내 마음을 다스리기로 했습니다
당신의 깊은 마음을 재어보기 전에
내 마음의 깊이를 재어보기로 했습니다
당신의 배려를 가늠하기보다
내가 배려하는 마음을 가늠하기로 했습니다
당신이 누군인가를 묻기 전에
내가 누구인가를 묻기로 했습니다

당신과 내가 같이하기 위해서는.

낫질을 했던가

나를 다듬어가듯이
내 뜰을 고른다
세상 것 하나 없이
비어있는 마음으로
잔디를 깎아내는 일
속 깊은 바다같이 수평으로
잘라낸다, 웃자란 나를
잡풀을 뽑아낸다, 하나의 모습으로

지금 당신 앞에
낫질한 나로 다가가서
아주 낮게 낮아져야지.

드보르쟈크 피아노 3중주
- No. 4 E단조 OP. 90(둠키이)

노을이 물드는 저 바다
물결도 잔잔히 살아서 흔들리고
갈매기 하늘 저편으로 가는 소리
이슬 내리는 음성이 내 가슴에 내린다

해가 일어나는 저 빛깔과
어둠을 버리는 말들
이토록 삶의 의미로
깨어나는 환희이다

피아노, 첼로, 바이올린 매혹의 리듬이
노을과 다시 일어나서
탐·진·치 삼독을 치유한다
오늘 피아노 3중주의 색깔이다.

함께하면

내가 스스로 몸살하는 것은
나를 내가 다루는 것이다

당신과 함께 몸살하는 것은
당신과 함께 살아가는 것이다

당신이 만들어 놓은 산에 들어서는 것은
높이만큼 아픈 것이다

아픈 만큼 행복의 도가니로
깊이 빠지는 것이다.

사 랑

이렇게, 나를
부리는 이가 있다

하늘도 아닌
땅도 아닌

말이 없는
문자 두 개

사랑.

어머니 의장

감히 어머니의 의장을
가져올 수가 없습니다
그 자리에 계신 것 같은 마음이었습니다
그러나
오늘은 71년 만에 어머니께서 사랑하시던
의장을 이사시켰습니다
하루 종일 비가 왔습니다
우리 고향 옛집에서 안성 일죽으로……
어머니처럼 소중한 의장
잘 모셔 왔습니다
큰절을 하고 포옹도 했습니다
어머님을 저의 안방에 모셨습니다.

그런 당신
- 아버님 영전에

큰 돛 하나 달고 하늘로 떠난 당신
그림자마저 녹이던 그런 당신이
이 순간
시방세계는 당신의 그림자뿐입니다
다 하지 못한 사랑을 무덤으로 하고
당신의 촛불이 탑니다
시간의 묶음 속에
훗날 당신 가까이로 갈 것입니다
무지개를 세우고 갈 것입니다
하얗게 타드는 촛불같이.

삶의 길

당신은
어느 길을 걸어가나요
오솔길, 아니면 비탈길인가요

그 길도 아니면 두렁길
이랑길인가요
피해가는 길목에서
고샅길 숨어가나요

길을 선택하는 것은
삶이 가는 길입니다
우리는 모두가
삶의 길을 걷고 있을 뿐입니다

당신은 지금
어느 길을 걸어가고 있나요.

그리워하는 것

당신을 그리워하는 것은
애절한 눈빛
심장의 박동소리

그리고
열린 마음이며
소중함이며
영혼의 깨끗함이다.

바로 당신

언제부터인가
내 곁에 항상 있는 듯하면서
언제나 없는 사람이 있습니다

그러다가
내 곁에 없는 듯하면서
언제나 있는 사람이 있습니다

그 사람
그 사람은
바로 당신입니다.

5.

구름이 머무는 곳

비는 마음

내 삶의
길잡이가 되는 너는
나의 눈물이다

성한 곳이 없는 몸 안에서
끝없이 생성되는 사랑
눈 안에 일렁이는 파랑은
푸르고 아름다움이다

가슴으로 말하는 너를
이미 알고 있다마는
가슴 시리게 다가오는 너다

그래
영원히 성하라고
생명의 줄을 타라고
마음으로 빌고 또 빌고

눈물나게 빌어보는
내 가슴 하나…
너를 향하여…….

웃는 돌 가는 길
- 안성 죽산예술제

영혼이 품을 열어서 만나는 자리
돌도 혼을 담아 웃어주는
웃는 돌
느림으로 고뇌하게 하고
살아서 움직이는 고요로
해·달·별 천지간에 퍼포먼스

몸의 소리 찾아나서는 길
삶과 죽음이 같이 하는 길
촛불을 밝히고 굽이굽이 올라서는 길
우리가 우리를 볼 수 있게
옷을 벗어버릴 수 있는 곳

대한민국 17번 국도에 잇대은
안성 죽산 용설골
웃는 돌 가는 길.

갈 등

멀어져가는
떠밀어내는
당신을 봅니다
내 뜻도 아니고
하늘의 뜻은 더욱 아닌데······.

개구리가 울 때면

누군가 먼저 목청껏 소리 지르면
혼성이 되어 합창으로 운다

논바닥에 물이 들기 시작하여
모내기가 끝이 나면
내가 어릴 적 그 개구리들
개굴·개골·개굴·개골……
너나없이
턱 밑에 공 하나씩 부풀리면서
세상을 우주 밖으로 떠밀고 간다

느리게, 천천히, 천지를 붙들어 놓고는
나를 제자리에 앉힌다
너무 빠르게 앞서가지 말라고
'O' 하나 굴리면서 당부한다.

뿌리의 힘

나뭇잎이 조용하다
자는 듯이, 조는 듯이
칠월의 햇살이 뜨겁다
바람이면 살랑이겠지
서로가 스치면 흔들리겠지
그때는 뿌리에 힘을 주고서.

태백의 들꽃

굽이굽이 높았다
태백을 오르는 길은

구슬을 타고 내려왔다
아홉 고개 구주령

무게도 장엄했다
고속도로 축을 이루고

웅비한 구름을 보았다
산맥을 쓸어올리는

흔적 없이 묻었다
작아질까봐

태백은 자란다
살아 있는 들꽃으로.

소리가 흘러간다

동자꽃 허리 잘린 기인 하루가 있는
휘파람새의 애절함이 탄산으로 고여 있는
이 산중

밤의 정수리에서
물소리가 흘러가는 것을
앉은 자리에서 따라가 보았다
파도가 살아 있는 서해 바다까지.

빈 하늘에

향기 간 데 없이
풀포기 죽어 있는
먼 하늘에 눈물 놓는다

살아 있는 것 하나 없이
끝으로 내닫는 하늘이
손 닿지 않아서 헤매이는 나

어느 구름이 머물 것인가
내가 지나는 이 길섶에
작은 길 하나 나 있었으면.

나는 걸어가고 있습니다

나는 걸어가고 있습니다
파도가 떠나면서 남긴 흔적들이
나를 데리고 갔습니다
썰물만큼 벗어버린 바다는
일렁인 삶의 흔적이라고
말을 해줍니다
고운 모래끼리 손을 잡고
흔들어 춤을 춥니다
바다는 나를 단단하게
걷고 또 걸어가게 합니다
내 무게가 얹힐 때마다
걸음 걸음에 간기가 고입니다
수평선에 시선이 닿을 때면
그렁그렁 눈물이 납니다
바닷물은 달을 따라갔다지만

나는
하늘 끝에 수평선 하나 긋고
걸어가고 있습니다.

내 속의 바다

비가 바람이 되었나 봅니다

노을지는 세상소리가
일렁이는 파도로 들리는 이유는

사람소리에 자동차소리
바람소리까지도
파도로 들려옵니다

바다가 그리워서
하루를 부리는 소리가
바다를 데리고 옵니다

쌍도가 있는 바다
오늘은
고향이 눈물나게 그립습니다.

바다가 시인을 부른다

하나의 선
하늘이 맞닿은 수평선이
멀리 보기를 하라 한다
넓은 바다가
품에 편안히 안기라 한다
산이 되어 잇대어 오는 파도가
뛰어넘어라 한다
마지막 하얀 포말로 쓰러지면서
영혼을 하나 되게 담그라 한다
일렁이는 노래로 합창하면서
바다는 내게로 다가온다
나를 부른다
시혼을 불러낸다.

어머니 함께합니다

2007년 시월 상달에
어머님이 이승을 달리 했습니다
어느 것 하나 버릴 것이 없는 어머니는
밤 사이에 훌쩍 가벼이 가셨습니다
자식에게 짐이 될까봐
평생을 빌기를 그렇게 했습니다
그 기도가 어머니를 따뜻하게
안아 가셨습니다
어머니와 마주한 점심상 물리고
돌아선 그림자가 선합니다
현관문 여닫기를 네 번
같은 모습으로 응시하시던 눈빛
이별의 아쉬움이었음을
지금에야 알 것 같습니다
어머니의 마지막 모습이

제 곁에서 같이 하고 계십니다
봄이 오는 날부터는
꽃을 사랑하시는 어머니의 향기 가득합니다
여름이면 고추를 따면서 발갛게 미소 짓는
어머니 여전하시고 잔디가 단풍들어 갈 때
자근자근 밟아 가시던 어머니의
발자국을 딸은 밟아갑니다
어머니,
어머니 음성이 들려옵니다
저는 어머니와 함께하고 있습니다
어제도, 오늘도 같이 합니다
내일도 여전히 같이 합니다.

이월 장 담근 날
- 2010.03.21

2010년 경인년
춘분 꽃샘추위가 찹니다
이월 초엿새 눈썹달이
밤하늘에 하얗습니다

이월 장 말날이 오늘입니다
샘물에 소금을 풀어 놓아
오백원 동전만큼 원을 그리고
계란이 동동 떴습니다

빨강 마른 고추와
잉걸이 된 숯덩이 한몸 되어
잘 익은 장 뜨는 날은
바위꽃, 가득 핍니다

화창하여 바람이 없는 날
어머님의 비는 마음처럼
평안한 살림살이 되기를
하루 내내 기도합니다.

창을 열면

창을 열면
땅에 묻혀 있는 씨앗이 보이고

창을 열면
파릇하게 싹이 트는 새싹이 보이고

창을 열면
층층이 피어난 여린 잎이 보이고

창을 열면
쑥쑥 자라는 힘 있는 줄기가 보이고

창을 열면
성숙해서 꽃봉오리 준비하는 모습이 보이고

창을 열면
막 터질듯이 벙그는 꽃이 보이고

창을 열면
이슬 머금고 꽃잎 몇 개 피워내는 것 보이고

창을 열면
방긋이 활짝 핀 너의 모습 보이고

창을 열면
마침내 한 잎, 두 잎, 지는 꽃이 보이고

창 뒤에 거기
내가 있다.

한낮의 안개 속은

한낮의 안개 속은
청보라 공기이다
금광호수 잔잔한 물살에
청둥오리 길을 내는 것이
삼각델타 물 위 흔적으로 남아
누구인지 찾아나서는 길이다
산 그림자 안개 속으로 흐려지고
여운으로 남는
숨은 그림 속이다.

6.

다시 얼굴을 보며

무거운 짐

갑자기 나도 모르게
나를 사랑하는 이들에게
무거운 짐 하나씩, 하나씩
가슴에 매달아 드렸습니다
나는 그날부터 죄인이 되었습니다
무슨 말로 용서를 빌어야 할지 몰라
여지껏 허둥댑니다
용서해 주세요
마음대로 할 수 없는 몸이 되었습니다
나는 처연히 마음만 다스릴 뿐입니다
기다려 주십시오
일어나겠습니다
말 못 하는 말은
가슴에서
까맣게 타들어 가고 있습니다.

내 여행길에는

그리움이 있는 만남이어야 하지 않나
어떤 상황에서나 맨발, 빈손으로 달려와
따뜻하게 두 손 잡아주는 만남이어야 하지 않나
작은 것도 소중하게 두 손으로 받아주는
만남이어야 하지 않나 생각합니다
나는 이런 우정을 갖고 있는 지인을
곁에 두고 있어서 가치와 보람있는
삶의 여행길이 되고 있습니다.

별을 따다 주고 싶은 사람

이 세상에서 별을 따다 주고 싶은 사람이
있다면 어떤 사람이냐고 물어온다면
나는 이렇게 대답하겠습니다
무드가 없고, 매너가 없고, 머니가 없는
사람이라고 대답하겠습니다 왜냐하면
나는 이런 사람으로부터 자각을 갖게
해준 덕분이며, 상대를 읽어냄을 알게 해준
덕분이며, 돈을 잘게 쪼개어 쓸 수 있음을 가르쳐준
덕분입니다 나는 진심으로 이 세상에서 별을
딸 수만 있다면 이 사람에게 별을
따다 주겠습니다 나는 내내 기다림으로
지쳤지만 많은 것을 내게 가르쳐준
사람입니다 나는 그를 사랑합니다.

잠의 치유

나는 잠이 안 올 때는
몸을 편안히 뉘이고
수면을 청해 왔다

그러나 오늘 만큼은
색다른 경험으로 몸의 상태를
좋게 만들어야 할 의무가 주어진다

수면 상담을 하니
자연스럽게 잠을 들 수 있는
약이 있다고 한다

한 알의 약을 먹는다
편안한 위안이 잠을 들게 해서
기분 좋은 일출을 맞이한 날이다.

꿈

길을 따라 나섰다
호젓한 새벽길에
거북이가 나를 데리고 간다

내 안에 들앉은 것까지
같이 앞세우고 간다고 한다
함께 하다가 떠난다고 한다

멋진 동행을 만나서
오늘의 길을 나섰다
수평선을 바라보면서

온전한 나로 되돌려 놓고는
훌쩍 떠나겠다는
약속을 내게 다짐하며 말을 한다

나는 편안한 일상으로
내 정원으로 들어서서는
아름다운 꽃들을 들여다본다.

숨, 관찰

나는 내가 나를 관찰을 한다
텅 빈 몸을
생명의 하루하루를
누구도 모르는 나만이 아는
내 숨소리와
내 심장의 박동소리를
조용히 관찰한다
소리와 리듬을 들여다볼 뿐이다
지금 이 순간
아무도 없다
나만이 나를 보고 있을 뿐이다.

소리와 리듬을 들여다볼 뿐이다
지금 이 순간
아무도 없다
나만이 나를 보고 있을 뿐이다
— 숨, 관찰

아직 살아 있으니

'나는 심장 박동소리에 행복하다'고 했다
지금도 내 심장의 박동은 뛴다
나는 지금 행복한가
나는 지금 불행한가
묻는다 또 내게 묻는다
'행복하다'고 답하고 싶다
아직 숨을 고르고
살아 있으니
나는
이 순간
행복하다.

안부전화

좀 어떠냐고
먹고 싶은 것을 말하란다
수화기에서 들려오는 말이다

무엇을 가려서 먹겠다고
하겠는가

쓸쓸히 헛간에
버려진 것 같다

오늘
기온이 영하 10°란다

나는 가슴이 따뜻하다
생명이 열정으로 끓어오르고 있다.

풍요로운 생각들

나는 내가 나를 맡아서
부리지 못하고
타인이 나를 다스린다
내 몸에 따라서
만들어가기 위한 노력을
밤낮으로 헌신해준다
살아 있어도 할 수 있는 것이 없다
그래도
나를 이대로 놓고 사는 것도
풍요로움으로 가득한
생각들의 하루, 이틀, 사흘, 나흘…….

암자를 둘러 나오면서

초발심을 놓지 않는 자리가
되길 원하며 합장한다

소나무 청정하여
그림자 드리운 자리가 푸르다

수행의 본성을 깨닫는 심우도를
돌아서 나온 나는

찰나의 환희를 가다리며
나를 찾아나선다

호젓한 암자를 둘러나오는 내가
오늘은 아름다운 쓸쓸한 나다

고요로 가길 간곡히 바라며.

내 꽃 진 자리

이 가을 내 뜰에는
가지마다 줄기마다
꽃 진 자리가 여물어갑니다

달이 가득 찬 한가위에
아들, 며느리, 딸, 사위, 손자로
내 꽃 진 자리도 보입니다

아주 건강하고
훌륭하게 영그는 모습으로
내 앞에 보름달로 있습니다.

고 백

눈물마저 보이기가 부끄러웠다
살아 있다는 것이 호사스러워서다

마주 앉은 무릎에 교자상을 올려놓고
가슴으로 포개어 차린 다수운 밥상이다

지구를 준다 해서 바꾸겠느냐
우주를 갖다 놓은들 부럽겠느냐

내 아들의 아들아
아가를 나투어 준 새 아기야

'맨처음 생일'을 사랑으로 낳은
시(詩)편을 읽은 날 가슴 시리게 울었다

어찌 '부족해서 미안하다' 말로 다 하겠니
다만, 나를 나에게 고백할 뿐이다.

발문

소망과 간절함
- 김추연 시집 『꽃 진 자리』

조병무
(시인·문학평론가)

1.

 시의 언어가 내포하고 있는 함축은 감동과 긴장은 물론 또 다른 긴장과 내면의 영감을 동반한다. 언어를 어떠한 각도에서 표출하느냐에 따라 독자가 받는 느낌은 달라진다. 오늘날 새로운 문명시대에 시인이 바라본 사물이나 시인이 체험한 삶의 영역 역시 또 다른 이미지의 수사에 의해 다양한 미학적 언어로 나타난다. 김추연 시인의 시집 『꽃 진 자리』에 나타난 소망과 간절함, 기도의 마음, 역시 시인 자신의 호소력으로 자신을 감싸고 있다.

 그래서 김추연 시인은 '시인의 말'에서 "몸은 나에게 일상의 날개를 접게 합니다. 나는 '아니다'라고 반문을 했습니다. 이날 이후 살아온 날들은 보이지 않았습니다. 다만 눈을 멀리 두고 저 만큼, 아니 저기까지 가야하는데 왜 여기서 멈춰야 하는지…. 살아온 날들의 아름다움은 보이지 않았습니다. 생명의 경계선만 보일 뿐입니다. 내게 큰 변화가 일어났습니다. 내 일생의 가장 큰 기적과 나를 바꾸기로 합니다. 아! 바로 이거야, 큰 산을 넘을 수 있다는 확신이 왔습니다. 순응과 편안함을 조용히 관찰하기 시작합니다. 앞으로 내게 주어지는 시간동안 이렇게 사는 거라고 다짐합니다. 여여하게 가치 있는 찰나를 만들어가기로 합니다. 이후 삶의 행간을 그려온 시(詩)의 씨앗들을 모으기로 합니다."라는 말에서 보듯 어쩌면 간절한 삶의 기도로 나타난다.

 '가장 큰 기적과 나를 바꾸기로' 한다는 시인의 각오는 현재의 자신이 처한 입지에서 '큰 산을 넘을 수 있다'는 자신감으로 되돌려 놓으려는 시인의 강한 정신적 의지를 서술한다. 그래서 시인은 '큰 산을 넘을 수 있다'는 확신 속에서 새로운 시적 감성과 정신적 의지를 동반하려는 것이다. 이

러한 시정신이 시인 자신에게 또 다른 자신의 모습으로 회기하려는 집념의 소산으로 읽을 수 있다 그래서 시인은 '확신'과 '순응' 그리고 '편안함'이라는 새로운 다짐 속에서 오늘의 삶의 행간을 찾아나서고 있다.

김추연 시인은 『시대문학(현. 문학시대)』 신인상을 받으면서 문단에 등단하여 시집 『들꽃, 흔들리는 풍경』 『숨은 모습』 『뿌리 내리기』 등을 출간하여 활발하게 활동하는 시인으로 대체로 자연의 풍광 속에서 자신과의 내면적인 교류를 시도함으로써 삶의 또 다른 일상을 보여주고 있다. 자연은 인간이 지닌 속성과 친밀을 유도하여 자연 속에 움츠리고 있는 강한 응집력과 내성을 찾아 시인 자신의 새로운 호소력으로 표현한다.

> 바라보이는 거기
> 깊은 호수가 있다
> 산이 하나가 아니고
> 또 하나의 큰 산이 호수에 있다
>
> 둘이 된다
> 산, 호수, 어느 것이면 어떠리
> 나도 하나가 아닌
> 또 하나의 나를 만나고 싶은데

파랑에 흔들리고
너울에는 가물거리는 나
바람이 없는 청명한 날에는
투명한 나일 뿐

하나 더 나를 바라볼 수 있는
속 깊이 안아줄
호수였으면 한다
간절히 그런 호수 만나고 싶다.
- 시 「만나고 싶다」 전문

 현재 시점에서 바라보이는 호수에는 '산이 하나가 아니고/ 또 하나의 큰 산이 호수에 있다'는 자연스러운 전경이 보이는 현실 앞에서 시인은 '나도 하나가 아닌/ 또 하나의 나를 만나고 싶은데'라는 소망으로 마음을 나타낸다. 시인의 소망은, 호수 주변의 산이 호수 속에 비친 또 하나의 산을 보는 순간 자신의 현재의 모습 아닌 또 다른 모습으로 만나기를 갈망한다. 현재의 자신에서 새로운 모습의 자신이기를 소망하는 시인의 내면에는 '내 일생의 가장 큰 기적과 나를 바꾸기로 합니다.(시인의 말)'라는 소망의 뜻이 담겨 있기 때문이다. 그러한 기적은 자신을 치유할 수 있는 절대적인 새로운 자신이 되기를 갈망한다. 그 갈망 속에는 아픔이라는 곳에서 벗어나 모든 것을 안아줄 수 있는 '속 깊이 안아줄/ 호수였으면 한다/ 간절히 그런 호수 만나고 싶다.'라는 소망으로 갈음하고 있다.

한 편의 회화적인 기법으로 나타낸 이 작품에는 호수라는 풍광 속에 비추어진 주변의 한 폭 경관에서 현재의 나로부터 벗어나 새로운 풍광으로 비추어진 호수 속의 달라져 보이는 새로운 풍광에로 되돌림하듯이 현재의 화자인 나의 새로움을 갈망하는 것이다.

시인의 작품「마음자리」「빈 하늘에」등 여러 작품에서 호수와 바람, 하늘과 구름 등의 자연 현상과의 담론을 통해 그 자연 현상이 지니고 있는 함축적인 내면의 실상을 찾아 또 하나의 소망이 무엇인가를 인지하려는 시적 영감을 고백적이면서 자전적인 표현으로 보여 주고 있다.

2.

김추연 시인은 연작시「내 뜰에는」6편에서 꽃의 단상을 보여준다. 시인이 찾은 꽃은 금낭화, 구절초, 동자꽃, 현호색, 산나리꽃, 해당화 등 대체로 여러해살이풀로 피는 꽃에 대한 애정을 보여준다. 단순한 꽃의 이미지에 머물지 않고 꽃들이 숨겨 놓은 속내를 찾아 시인 자신의 정신적 영감과의 일치점을 찾으려 한다. 많은 꽃이 품고 있는 설화 속에서 전달되는 특정한 모형의 꽃을 그려내고 있다. 이 작품들의 끝연 부분에서 긍정적인 시인의 심상은 꽃이 품고 있는 현상으로 시인 자신에게로 다가와 있음을 볼 수 있다.

용서하는 꽃이 되어
연붉게 쉼없이 피고 있다. -「금낭화」 끝부분

네 뜰의 구절초
둥둥 떠서 피어간다. -「구절초」 끝부분

합장하게 한다
지장보살, 지장보살, 지장보살…… -「동자꽃」 끝부분

지긋한 만남으로
하루의 세상살이 시작한다. -「현호색」 끝부분

내일을 기다리는 산나리꽃
나를 읽어 내는 오늘이다. -「산나리꽃」 끝부분

어릴 적 바다 기슭을
내내, 거닐고 있다. -「해당화」 끝부분

작품의 끝행에서 보듯 긍정의 화법으로 꽃에 대한 정감이 퍼소나의 깊은 내면으로 직결되어 있음을 알 수 있고, 꽃이 내포한 깊은 통찰의 일면을 연결시키고 있다. 한 편의 꽃에 대한 영감의 폭이 그 꽃이 지니고 있는 이미지를 밝고 화사한 방향으로 끌어들임으로 그 꽃이 보여주는 또 하나의 화폭을 그려 보여주고 있다.

 각각 개체의 꽃들은 그 꽃들이 지닌 특성을 살려 자유롭게 시적 감성과 함께 시인의 심상을 대립시켜 새로운 동적인 세계를 조형시키고 있다. 꽃이 안고 있는 동력의 실상을 시인은 깊숙이 스며들어 그 꽃의 내면의 모형을 시인 자신의 것으로 환원시켜 활달한 새로운 세계를 그려낸다.

 시인은 꽃들과의 상응하는 세계로서 '심장의 눈물이라고/ 뜨겁게 외쳐대며'(금낭화), '휘청이는 혼을 담아/ 하얀, 얼굴에 연지 바른 꽃'(구절초), '추운 겨울 마을로 내려간 스님 기다리다/ 언덕에서 눈사람이 된 동자승이 있어'(동자꽃), '약한 아이/ 키 작은 야윈 모습이 되어/ 숨어서 피는 너'(현호색), '기와 잎 사이 맺어 놓은 씨앗을/ 흙에 묻어 내일을 약속한다'(산나리 꽃), '삼복더위에 열매 익히며/ 가지 휘는 해당화'(해당화)라는 관찰자적인 심상을 꽃과 인간과의 상보적인 조화를 이루면서 강한 생동감과 활력의 생명체를 동시에 보여주고 정적인 이미지를 깊도록 노출시킨다. 꽃은 시인에게 심장이며 혼으로 다가와 있으며, 그러한 꽃의 강렬함은 시인과 동화되어 하나로 나타난다.

3.

김추연 시인의 기도는 일심으로 발원하는 자세로 부처님에 대하여 일체유심의 마음의 정서를 볼 수 있다. 특히 작품「철야 삼천 배」「발우공양」「촛불 기도」「기도」「순례자」등에서 명상의 자세로 합장하는 불심이 시인의 시심으로 나타난다.

김 시인의 불심은 작품「철야 삼천 배」에서 강한 신앙 자세를 볼 수 있다. 자신에 대한 절대적 감성의 정감을 알게 해 준 불심이다. 그리고 새로운 자신으로 회귀하게 한 삶의 자세를 강한 의지력으로 보여주는 신앙시에서 시인의 심적인 평정심을 읽을 수 있다.

1.
한 음성
한 마음으로

부르짖는 여명
오체투지
일심으로
너를 향한.

  2.
토해내고
벗어놓고
땅을 단단히 짚어가며
허공세계 합장으로
정진의 자리.

  3.
묵묵부답
정토의 세계
반야의 바다로
혼으로 사르는 촛불
십방을 한 자리 모두고
일심으로 발원하는 여기.   -「철야 삼천 배」전문

  위에서 보듯 온몸으로 기원하는 오체투지의 발원으로 자신을 불심에 맡기는 시인의 정신을 읽을 수 있다.
  첫 연에서 시인은 마음 자세의 평정심을 한 음성과 한 마음으로 오체투지하는 일심을 보여준다는 것은 불심에 대한 마음 자세이다.

신앙은 모든 사람에게 있어서 인간 삶의 지혜와 자신을 다스리는 또 하나의 나를 발견하는 것이다. 그래서 시인은 모든 만상에서 자신의 일상을 토해내고 벗어놓고 허공세계를 향하여 합장하는 정진의 자리를 찾게 된다.

시인은 정토의 세계와 반야의 바다로 나아가 자신의 혼을 촛불 앞에 사르면서 일심으로 발원하는 자신을 찾아낸다. 작품 「철야 삼천 배」는 김추연 시인의 신앙적 자세는 물론 시인의 시 작품 전반에 스며있는 정신적인 함축이라고 할 것이다.

작품 「순례자」에서 시인의 신앙적인 정서는 물론 근원적인 시인의 정신을 읽을 수 있다.

> 하늘과 땅 가운데 허공
> 순례자는 고단하다
> 일심으로 원 하나 세워
> 구도의 몸짓
> 맑은 영혼의 씻김으로
> 자아의 무게를 감당하며
> 질곡의 늪을 헤매인다

우주 하나 되고 싶어서
구도의 길을 걷는다
고행의 찰라,
혼의 세계,
깨침의 소리로
여여하게 순례를 한다
염화의 세상을 찾아서
반야의 바다를 건너간다
황홀의 극치다
염화미소 가득히 피어난다
순례자의 깨침이다
아! 염화미소! 염화미소.

- 「순례자」 전문

 작품 「순례자」는 절실한 기도의 목소리로 들을 수 있다. '홍신자 공연에 부쳐'라는 부제에서 보듯 순례의 길을 떠나는 영혼의 씻김의 춤사위에서 시인은 간절한 도인의 기도소리를 듣는다. 그 기도소리는 시인의 감성을 자극하여 절대자의 구원의 소리로 시인 자신에게 큰 감성과 감동으로 자리하면서 염화의 세계를 찾아 반야의 바다를 건너가는 황홀의 극치에 다다른다.

시인의 불심이 스스로 또 다른 순례자가 되어 씻김 춤사위 속으로 빠져들면서 자신의 정신적 정서적인 안위를 찾는다. 시인의 감성이 돌출하여 큰 춤사위에서 또 다른 나를 발견하여 시인의 목소리는 '아! 염화미소! 염화미소'의 기도 속에 숙연해지고 있다.

> 토함산 해질녘에
> 몸살을 한다
> 다보탑, 석가탑을
> 합장으로 돈다
> 빈자의 등불을 밝히고
> 식솔을 오체투지로 낮추는
> 이 자리가
> 부처님 자리입니다.   　　　　-「기도」전문

김추연 시인은 불심의 본향을 찾아 토함산의 해질녘에 다보탑과 석가탑을 합장하면서 빈자의 등불을 밝혀 부처님 자리를 찾는다. 스스로 일체가 되어 불심 속에서 자신을 위로하고 자신의 본체를 찾아 오체투지로 자신을 낮추는 기도 속에 맡겨버린다.

무엇이 자신인가를 찾는 기도 속에서 시인의 시적 영감과 정서적인 공감대는 하나의 불심과 자신의 정신적인 공감대를 형성하기도 한다. 김추연 시인의 언어적인 미학은 절대적인 기도라는 자기 철학에 침잠하고 있음을 본다. 그래서 시인은 만유를 하나로 끌어 주는 언어를 찾는다. 시 작품 「사랑」이다.

>이렇게, 나를
>부리는 이가 있다
>
>하늘도 아닌
>땅도 아닌
>
>말이 없는
>문자 두 개
>
>사랑.
>　　-「사랑」전문

김추연 시인은 간절함의 시인, 소망의 시인, 기도의 시인으로 보았듯이 위의 작품 「사랑」은 온 세상을 포용하는 시인 자신의 갈망임을 볼 수 있다. 시인의 간절함과 소망과 기도는

결국 사랑이라는 일체 속에서 자신의 정신적인 안위를 찾고 있음을 알 수 있다. '나를 부리는 이가', '하늘도 아닌/ 땅도 아닌', '사랑'이라는 시인의 단시에서 시인 자신의 심상을 축약하고 있으며 폭 넓게 가족과 우주 공간에 자신을 감싸고 있는 모든 형상으로 되돌리고 있음을 볼 수 있다.

시인은 현대라는 시간적인 공간에서 언제나 자신을 되돌아보고, 자신을 우주와 자연이라는 공동체의 공간 역시 자신을 되돌아보는 계기가 됨을 인식하면서 마음의 안식을 찾고 있다. 시인이 바라는 절대적인 명제가 시인의 많은 작품에 명시되어 있음을 보게 된다.

이상에서 김추연 시인의 시집 『꽃 진 자리』에 나타난 시인의 작품 세계의 일면을 살펴보았다. 결론으로 시인은 자신을 새로운 세계로 회귀 시키려는 강한 집념 속에서 또 다른 시인만의 새로운 변화를 추구하고 있음을 알 수 있다.